LE RETORQVEMENT DV FOVDRE DE IVPINET,

CONTRE LVY-MESME:

par l'eternelle solidité du veritable Donjon du Droict Naturel Diuin: voire contre toutes les nouuelles furies des Demons meridionaux: & futures irruptions des bestes feroces, à cornes, & autres.

Si Deus pro nobis quis contra nos? Ad Rom. Ch. 8.
Vir qui errauerit à via doctrina, in cœtu gigantium commorabitur. Prou. C. 21. v. 16.
Qui fodit foueam, incidet in eam: & qui dissipat sepem, mordebit eum Coluber. Eccl. 10. v. 8.

A PARIS,
M. DC. XLIX.

LE RETORQVEMENT

du foudre de Iupinet, contre luy-mesme: par l'eternelle solidité du veritable Donjon du Droict Naturel Diuin : voire contre toutes les nouuelles furies des Demõs meridiõnaux: & futures irruptions des bestes feroces, à cornes, & autres.

Si Deus pro nobis quis contra nos? Ad Rom. 8.

PAuure Nemrod, tu te confonds toy-mesme dans ta Babel.

Icare temeraire, tu presume d'aborder le char triõphant du Soleil de iustice; mais en te precipitant, il t'abismera.

Petit Caligula, tu veux imiter le grand Dieu tonnant, par ton bruit artificiel; mais à peine les mouches s'en remuënt-elles.

Tu sçauois bien, dis-tu, qu'il me seroit impossible de respondre à ta Censure, sans faire paroistre mon insuffisance; Et ie n'eusse iamais pensé que tu eusse esté si effronté de paroistre derechef au iour auec les mesmes impertinences, voire plus grandes que les premieres; manquant si lourdement dés le premier pas. Ce que ta lascheté m'oblige de remarquer; n'ayant employé huict grandes feuilles, qu'à regrater de la sorte mes escrits, quoy que tres mal à propos.

Mais i'estois certain que si tu approchois de trop prés nostre forteresse, tu t'y ecraserois le nez. Car tout ainsi qu'vn Hibou, mortel ennemy de la lumiere, presumant de la contrepointer par l'effort du plein midy, subitement aueuglé de son éclat, se va froissant contre les murs de son azile.

Et n'ay iamais, graces à Dieu, & à sa saincte Mere, presumé de sçauoir autre chose que Iesus-Christ crucifié, ny le manifester auec ses veritez par d'autres termes que sinceres & communs; leur lustre naturel, laissant aux Grimmelins, & petits Retoriciens de ta sorte, la pompe de leurs arts, par toy fort rustiquement exercez.

C'est pourquoy ne bastissant que sur ces fondemens; ie ne redouteray, ny Ciel, ny terre : quelque prouision de bouteilles que fasse ce grãd geant de Samotrace. Lequel se disposant à vn long voyage, s'est dés la porte muny d'vn bon nombre de bouteilles: qu'il a cachées dans son repertoire à quatre estages, placé en teste de son agenda : sçauoir *nos*, au lieu de *vos*, & *cognoistrez* pour *cognoistricz*,

en

en son instruction, *d'attendite à falsis prophetis, &c.* prenant congé des siens: Premier estage. Les 3. & 4. *iustitiam*, au lieu *d'iniustitiam*, & *iustitia*, pour *iniustitia*. Second estage. Les 5. 6. & 7. *filios vestras, seruos vestras*, au lieu de *vestros*, & *peristis* pour *petistis*, qu'il a attachées au 7. crochet de ce 3. estage, ie veux dire chapitre 7. au lieu du 8. de Samuel. Puis ayant marché deux pas, se mesle de prophetiser, mettant le futur au present, & le certain pour l'incertain, Et à quelque peu de là, voulant contrefaire le sage yvrongne, ne se peut tenir, qu'il ne vomisse vne partie des ordures dont il a regorgé. Par apres soulagé d'vn grain, continuë son chemin de 14. pas, n'oubliant ses bouteilles, desquelles il tire vne excellente humeur, ie me trompe, c'est, honneur, acheuant de perdre le sien: par le mariage du feminin auec le masculin: dont, en passant, il ne peut blasmer l'Imprimeur: car ie ne trauaille que sur son manuscript, où il y en a bien d'autres. Mais retournons apres luy, & le suiuons de prés crainte d'infortune: car en suite de ce beau mariage, ne se connoissant plus, la bride sur le col, court deçà de là, bronchant partout, tant en Orthographe, que Grammaire, Histoire, Cacophonies, impertinences, ponctualitez & ignorance de son dire; voire de telle sorte, que ie me contenteray d'en laisser la remarque au patient lecteur: ayant assez d'autres matieres plus considerables: qui m'obligent à plus de prolixité que ie ne voudrois: lequel reconnoistra que tout son discours n'est n'est qu'vn iapemens de petits chiens : qui n'osent approcher pour mordre : ains s'arreste à des niaiseries, pour laisser le serieux, craignant d'en aborder; Les interests de Despautere, ny de Mercure, n'estans la cause de nostre combat; mais ceux de Dieu, & de ses oints, peuples & Rois. Et quand il seroit question d'y regarder de prés ; il se trouueroit qu'il est encore plus sot par derriere, que par deuant. C'est pourquoy, il l'y faut toucher comme vn asne.

Hour donc, Monsieur, car tu te trompe, me prenant graces à Iesus, & à Marie, pour vn autre. Puisque la marote te conuient si bien par le iuste aquest que tu en as fait ; ce seroit iniustice de la pretendre. Pour ce qui est du Sceptre ; tu en diras ce que tu voudras : il est de telle puissance, qu'elle s'estend sur tous les humains, & au delà ; pour humilier les rebelles à Dieu, & confondre lesdits ennemis de ses veritez eternelles, comme toy.

Mais auant de marcher plus auant, deffaits toy de ta mauuaise opinion : car, par la grace de Iesus & Marie, Ie suis certain que celuy que tu presche, Rebelle à Dieu, peste de l'Estat, & ennemy de la Maiesté Royale, est meilleur Chrestien & plus fidele à l'vn & à l'autre que toy. Et me réjouys du bonheur qui nous suit tous deux ; ne manquant de matiere pour exercer tes belles charges : car la Samothrace n'ayant à se plaindre, me fait bien esperer de l'Asetriquar. Vrayement il n'en falloit dauátage, Monsieur le Docteur, pour t'acquerir le bonnet, i'entends d'Actéon, présumant auec temerité d'enuisager cette diuine science : dont S. Thomas, mon Maistre, dans la seconde de sa 2. *Ad tertium* q. 57. traitte si pertinemment, sans separer le Droict Naturel d'auec le Diuin, lors que ce dernier ne contredit le premier, non plus qu'au present suiet. Mais en vain tout cecy : car ie suis certain que ta grosse teste, si bien armée, ne le digerera.

Les viandes, grand glouton, qui sont d'elles-mesmes dures, n'attendent de l'estre lors qu'on les mange. Et la Cacochimie s'entend aussi bien de l'indisposition de l'estomach, que de la mauuaise coction, voire plustost que ton inepte viscere. Par comparaison, l'esprit qui par le defaut de ses organes ne fait bien son operation, se prend de la sorte : & la chose difficile à conceuoir, est dite dure : tesmoin la sote responce des incredules comme toy, au suiet de nostre tres Auguste Mystere, proposé par le Fils de Dieu à ses Disciples : *Durus est hic sermo, &c.*

Il te vaudroit aussi bien entendre la Cacochimie, & la Bonochimie, que celuy que tu mesprise : dautant que n'aurois la peine de tant tirer le diable par la queuë.

Ne dit-on pas gros butor, le fondement d'vne opinion, & choses semblables, pour le suiet sur lequel. De plus, n'attribuë-t'on pas la force, l'authorité, la puissance, & la sagesse d'vn homme à son bras, dont il ne se peut bien aider, que par l'vsage de la raison : qui est vne faculté de l'ame; le Magnificat te l'enseigne, par ce verset, *Fecit potentiam in brachio suo* : dans lequel tous ses attributs sont compris.

Tout ainsi que les asnes, Monsieur, se baignent & veautrent dans les prairies chargées de rosée, pour, comme l'on dit, gagner l'auoine; de mesme vostre bel esprit s'égaye dans le partere de vos riches & agreables pensées, pour gagner du pain.

Ie ne m'estonne de ce que tu ne faits cas des pointes d'esprit, en apprehendant les touches: & grossierement pensé des arts, les estimant aigus comme des boules: combien qu'ils resident dans toutes les trois facultez de l'ame: D'autant qu'elles te manquent. Mais les cheueux m'herissonnent lors que ie fais reflexion sur ton impieté, mesprisant pour tes guides, Iesus & Marie, (le bon-heur des hommes, & des ames,) en faueur de Satan siffleur de semblables pensées : sans apperceuoir que tu te conuaincs meriter le iugement porté, non seulement dans le passage de Sainct Paul, au frontispice de nostre Donjon; mais encore és autres, dót te pretends seruir, pour le destruire: desquels ton repertoire est fabriqué : ne tesmoignant en tes discours & façons de faire, qu'iniustices, impietez, & vilainies ne considerant que le Verbe que tu cherches, n'est autre chose, que la verue, qui regit ton malheureux cerueau, pauure estourdy.

Pour moy, ie ne suis homme d'iniures, mais de veritez, & en croy non seulement les arbitres establis

blis dans nostre Donjon: mais encore tout benin lecteur de nos escrits; Si toutes les Epitetes, & Anagrammes qui y sont, ne te conuiennent fort bien:

Le Coc à-l'asne, hiechech, ne s'y rencontre: mais l'asne à Martin, grosse beste; n'ayant l'esprit de retrograder d'vn demy-pas, vers la sagesse, principal attribut des Rois.

Il est tout certain que les discours succints, sont beaucoup plus estimez par les intelligences, que les prolixes: parce qu'à bon entendeur vne parole suffit. Mais les griffonnaires, côme toy; à qui l'ancre sert de potage, n'en sont contens: ains ne considerét le succinct, où il se faut appliquer: & ne pésent que d'alonger le parchemin; sans auiser, qu'en gros latin on se mocque d'eux; voire dautant plus, que par vn scilicet, ou sçauoir, l'auis leur en est donné: Ensemble qu'il y a de deux sortes de duppes: viuantes, & insensibles: & que les premieres, ne sont si gros animaux que toy, par consequent plus faciles à mettre en cage, pour en attraper d'autres: & les dernieres de l'espece desquelles sont tes petites œuures, *formaliter: materialiter verò*, tres grosses, correspondantes à ton genie.

Qui eust creu qu'vn Prophete de ta sorte, eust si si-tost mis en oubly la force & la gayeté de son esprit: qui comprend le futur comme le present, & le passé comme le present: que par saillie il ne rime quelquefois: que le pretendu Pedagogue l'eust trouué ridicule dans son disciple: & que la cause se prend souuent pour l'effet: & *vice versa*: outre que le texte sacré nous l'enseigne de mesme; te donnant auec Sainct Paul, le pur dementir: lors que tu luy impose l'inuention de l'art de prophetiser; l'appellant simplement auec sainct Pierre, selon ta propre confession, don du Sainct Esprit, en ces termes: *Alij operatio virtutum, Alij prophetia, Alii discretio spirituum* Chap. 12. verset 10. aux Corinth. *& non voluntate humana allata est aliquando prophetia: sed Spiritu sancto inspirati, locuti sunt sancti Dei homines* 2. c. 1. v. 21. L'autorité desquels, si n'y prends garde, ne te seruira dans le dernier moment de ta vie, que d'vn tres rigoureux Arrest. Mais comme dans d'autres occasions as mieux aymé passer pour ignorant, que veritable; t'es aduisé d'inuenter cét art, pour te seruir des termes des Auteurs que tu veux faire blasphemer: qui sont ceux desquels i'ay appris à dire prophetie, & non pas art, comme malicieusement, ou ignoramment tu faits.

Combien que ton dire, de, quand le Prophete, vous fera entendre quelque chose &c. soit raisonnable; ie te dénie que la Sagesse Eternelle l'ait ainsi produit au iour: aussi que n'en cite le lieu; mais seulement continuë tes blasphemes, en soustenant, que les diables penetrrent les cœurs, dont elle iustifie tenir les clefs, par ces paroles, *ego sum scrutans renes & corda*, Apocal. c. 2. v. 1. & qu'ils sont veritables Prophetes.

Grand Dieu, que tu és grossier & materiel; n'entendant separer l'esprit d'auec le corps: le materiel, d'auec le formel: n'y discerner la comparaison, d'auec la verité. Car selon tes raisons, il s'ensuiuroit: que le Fils de Dieu seroit Lion, Pierre, vigne, & choses semblables, lors qu'il se les dit estre. Ce qui ne se peut seulement penser sans blaspheme. D'où reconnoistras: que tu és formellement hypocrite: & materiellement homme de bien.

Si les Ministres d'Estat, & leurs fauteurs portent les liurées de Dieu? l'ay tort: mais comme dit S. Iean, si leurs œuures sont de Satan, & semblables à celles de son principal support, l'Ante-Christ, ainsi que tu confesse? en bonne iustice, personne ne me doit blasmer: puisque l'eternelle verité m'enseigne: qu'à l'œuure se conoist l'ouurier. Que tous ceux-là ne se remarquent estre de la sorte? il faudroit manquer de iugement: & n'est possible de soustenir le contraire, sans encourir la disgrace de Dieu, qui en desire iustice: tout ainsi qu'il tesmoigna iadis vouloir estre faite des enfans de Saül, par les Israëlites, à cause que ledit Saül, n'auoit tenu la parole, qu'autrefois lesdits Israëlites auoient donnée aux Gabaonites, quoy qu'Estrangers, en reconnoissance de quelque faueur: de sorte que Dauid, non seulement pour les appaiser, mais aussi Dieu: lequel pour ce suiet auoit trois ans entiers affligé de famine le Royaume d'Israël, fut contraint de leur liurer sept personnes du sang dudit Saül: desquels ils firent sacrifices à Dieu sur autant de gibets: en suite dequoy la colere de Dieu cessa. Chap. 21. lib. 2. Reg.

De plus, Samuel n'appella-t'il pas Saül, fol, pour ne l'auoir attendu, suiuant l'ordre qu'il luy auoit donné. Sainct Iean Baptiste ne fit-il pas vn signalé affront au Roy Herodes en pleine compagnie. S. Estienne fist-il meilleur marché aux souuerains Pontifices de son teps, les appellant du nom qui te coūient, dures ceruelles, effrontez & méteurs, Act. C. 5. v. 51. & 52. Toutes personnes croupissantes dās le desordre, soit par malice, soit par ignorance, crasse, ou affectée, ne deuans estre traictées autrement: Puisque le Fils de Dieu dit, *qui non credit iam iudicatus est*, Ioan. c. 3. v. 18. *& sine operibus fides mortua est*, 1. ad Corinth, c. 3. v. 2. *& Ep. Iac. c. 2. v. 20.* partant le iugement tres-bon; les œuures des gens du tēps mesmes selon S. Paul n'estās que nouuelles croix au Fils de Dieu. Cecy nous est encore iustifié par la constance des Martyrs, sifflans les Empereurs, Iuges, & Tyrans qui les persecutoient. Les legendes te l'apprennent: aussi bien que le zele de Sainct Ambroise, conioinct auec la seuerité Sacerdotale, pour reprimer l'audace de Theodose Empereur; luy fermant les portes de l'Eglise : & le chassant du cœur d'icelle. Pleust il à Dieu le renuoyer au monde: car, sans controller ses diuins Decrets, il n'y fut iamais si necessaire; tout estant remply de presomptueux, ambitieux, impies, sacrileges, & Athées; sans parler des blasphemes, impietez, concussions, pilleries, iniustices, & lubricitez: dont les Euesques respondront deuant Dieu, manque de seuere discipline; premierement

sur

sur ces faſtueux Coloſſes: puis leurs inferieurs: leſquels à l'imitation les vns des autres, mépriſent non ſeulement les loix diuines; mais encore l'Auteur d'icelles, iuſques dans ſes Auguſtes Palais: qui qui ſont les Egliſes; s'y comportans moins bien qu'en plein marché: dont ils ne ſe ſoucient, non plus (ſans comparaiſon) voire moins que de leurs Eſcuries; quelque deſordre qui en puiſſe ſuruenir, cauſe de tous nos malheurs: au lieu, comme dit S. Pierre 1. C. 1. v. 17. d'y veiller iour & nuict, comme au plus neceſſaire pour la gloire de Dieu, & le ſalut des ames: iuſques à ioüer des canons, & n'y eſtablir des Suiſſes, que pour en chaſſer à coups de foüet & de baſton, toute cette canaille; le tout tout ſans exempter du foudre, ny Curé, ny Preſtre, ny Moine, faute d'y faire leur deuoir. Et combien que ce principal depende de l'authorité Eccleſiaſtique; la temporelle toutefois eſt obligée d'y contribuër du ſien, ſuiuant les loix & ordonnances des anciens zelez, & vrayement Chreſtiens Rois de cette Monarchies. Mais où ſuis-ie? ce n'eſt plus la mode: Dieu n'eſt-il pas (à ce que les Miniſtres & Officiers du temps diſent) aſſez puiſſant & vigilant pour y mettre ordre? que tout aille comme il pourra, blaſpheme qui voudra, vole, viole, trahiſſe, & tuë qui pourra; pourueu que ſubſiſtions auec Mazarin, & tous les diables, il n'importe: mais prenne garde qui voudra, à ce qu'il dira, & fera contre noſtre deſſein: car fuſt-il dans l'abyſme caché, de iour ou de nuict, l'en tirer nous irons; & prompte

D

iustice luy ferons faire. Maudits que vous estes, est-ce de la sorte que zelées la gloire de vostre Redempteur? viue sa Iustice, vous le payerez, & possible plustost que ne croyez, si ne changez de batterie.

Le glaiue à double tranchant est encore aussi bon que iamais, pour en te diuisant, te faire esprouuer son fil. Et n'y a de galimatias que chez toy, puis qu'il est escrit, que *viuus est sermo Dei, & efficax, & penetrabilior omni gladio ancipiti: & pertingens vsque ad diuisionem animæ ac spiritus, compagum quoque, ac medullarū: & discretor cogitationū & intentionum cordis, ad Hebræos. C. 4. v. 12.* & in Ap. 1. v. 16. *ex ore eius gladius vtraque parte acutus exibat.* De mesme par similitude d'vne pierre sur laquelle on affile les cousteaux, la langue des seruiteurs de Dieu, qui s'appelle pierre angulaire, se trouue tousiours par la vertu de sa parole, disposée pour produire de semblables effets, voire plus grands, selon sa promesse; *qui crediderit opera quæ ego facio, ipse faciet & maiora horum faciet in Euang. Ioan. C. 14. v. 12.* Et le mot de, manque, que tu censure en cét endroit, est tres-bon: parce que dés l'instant de la grace sanctifiante, cette vertu leur est donnée.

C'est tout mon desir, que d'adherer à l'Escriture saincte: mais tu n'y entends guere plus qu'vn Sauatier. Ne fust-ce pas Dieu, qui donna les Tables de la Loy à Moïse? Iosué ne fut-il pas Prophete aussi bien qu'Othoniel, Ierobaal, & Iephté? Pour Debora? tu la confesse telle: partant bonne rencontre: tout ainsi qu'en l'ordre des Chefs d'Israël, postposant ledit Othoniel, auec Ahod, laissant

Eglan, & Samgar, à Debora: & qualifiât tes Historiens du nõ de curieux, pour celuy de Chrestiens.

Ie t'asseure que la rencontre des Prophetes par Saül, fait tres-bien à mon suiet: mais leur pretenduë école ne te seruira iamais de rien, que de confusion; quelque caution que puisse presenter. Car, pour ce qui est des Prophetes rencõtrez; du moins estoient-ils autant, ou plus âgez que Saül, & possible que Samuel: qui onques ne presuma d'heurter Dien par l'institution de ta pretenduë école; La Prophetie n'estant, comme dit est, ny art, ny science, qui se puisse acquerir: Puisque suiuant S. Paul, & ta propre confession, elle est vn don de Dieu.

Certes, tu és insupportable, & me contraints de te dire vne fois pour toutes: *ne Sutor, vltra crepidas*. Car il faut que tu sçaches, que pédant que le cœur est vigoureux, iamais le spasme ne surprend; n'estant causé que par defaut de chaleur naturelle, & des esprits vitaux, confortans les animaux, qui resident au cerueau: & les autres dans le cœur: lequel malgré tes dents, est tout inuesty des Membranes: suspendu de cordages de matiere nerueuse: & fortifiée de bastions cartilagineux; la nature l'assistant, comme son Roy, de tout son pouuoir. Le defaut duquel (pauure esprit) est la cause Phisique de ton Spasme: l'auarice, & l'iniustice, la Morale.

Ouy, ie te soustiens encore, t'auoir suffisamment cité, & coté l'Histoire de Roboam: que Dieu veut guerre, mesme contre ceux de ta farine: & quoy que tu clabaude, auec des termes de crocheteur, sans aucun raisonnement contraire: que les exemples des Phinées, & des Israëlites, auec celuy des Gabaonites, sont veritables: & matieres de feu pour ceux qui les denient, ou méprisent, comme toy. De plus, qu'il est tres certain, que le Prince ne porte d'espée, que pour les peruers, ainsi que ie t'auois dit: & par consequent que tu ayes à prendre garde si tu és sage: tout ainsi qu'à l'endroit du Panegyrique de ton grand amy le Gazetier, traittant Matassin d'Eminence, pour y trouuer ce durissime, 26. verset du 17. des Prouerbes: qui pourtant, non plus que les autres, ne se trouue de dure digestion, qu'aux ignorans, & à ceux qui ne l'agreent comme toy: sur les testes desquels il pourroit bien à la fin tomber quelque gros os de terre pour leur fermer la bouche.

Puisque l'Escriture saincte ne specifie d'autres causes de la part de Roboam, que celles par moy citées; seras tu si temeraire que d'en supposer d'autres. En consequence dequoy, malgré ta rage, confesseras, Dieu aydant & sa saincte Mere, si ne veux continuer dans ta bestise, ou malice: que l'Histoire dudit Roboam, nonobstant la renonciation des Israëlites au droict des Gens, iustifie pleinement les Rois & puissans de la terre, n'estre absolus, qu'en bien faisant leur charge: Et que le contraire s'éprouuant; les peuples ont droict de les deposer si bon leur semble. Ce que l'Eglise par ses canons que ie t'ay citez & cotez, au-
roit

roit declaré veritable: la force desquels il t'a esté impossible de repousser: mais seulement t'es auisé d'employer l'armée que ledit Roboam leua pour se vanger, & r'entrer dans son Royaume. Laquelle pour la seconde fois Dieu a dissipée, nonobstant ta remonstrance: qu'estant pour reduire des rebelles à leur deuoir, la iustice estoit de ton costé: aussi bien que de celuy dudit Roboam. D'où, Monsieur, nostre grand Maistre, vostre patience nous permettra, s'il luy plaist, de tirer cette consequence; donc le peuple n'estoit dans son deuoir: & partant iniuste reuolte. Mais si cela eust esté, quelque permission de Dieu qu'il y eust pour chastier Roboam, tousiours les peuples n'estant dans l'obeissance, meritoit chastiment: car combien que Dieu se serue des causes secondes, & specialement Morales, il n'entend les violenter contre l'ordre qu'il leur a prescrit: ains les laisses agir librement: mais si elles detraquent du droict chemin, il en prend occasion de faire ses volontez: ainsi qu'il fist de Iudas, & de Pilate, pour nostre salut: lesquels pourtant ne laisserent d'offenser tellement sa diuine bonté, qu'ils en perirent. Partant, si lesdits Israëlites eussent manqué, nonobstant l'occasion du chastiment de Roboam, leur punition eust suiuy. Ce qui ne se trouuant: ains le contraire, promesse de benediction, si on persiste dans son deuoir. *Quid unde? Ad hoc celeberrime Samothra aristechico:*

E

Cét habile personnage veut enseigner ce qu'il reprouue, ne le pouuant comprendre : sçauoir les figures, Analogies, comparaisons, Epitetes, & Anagrammes : telles gentillesses pour estre parfaites, requerans le succinct, l'obscur, & l'abstraction, du moins vne partie d'icelles : dequoy son ventre ne deieusne point : mais de grosses & longues vocables bien refaites.

Pour ce qui est de vos Mistiques noms, ie ne les sçay que de vous. Et dautant que vostre Prophetie est de l'espece de celle que nous enseignez, qui deuine les festes quand elles sont venuës, vous auez eu recours à nostre Imprimeur, pour auoir connoissance de nos arbitres : au iugement desquels ie vous auois declaré me soûmettre sans aucune sollicitation, l'a vous laissant faire tout seul, pour acquerir leurs bonnes graces : estans personnes toutes disposées à bien receuoir, & traicter ceux qui procurent leur bien, comme vous.

Graces à Dieu, & à sa saincte Mere, tu en as menty, ie ne fus iamais pedent. Et tel discours n'est pas faire paroistre d'entendre l'Enigme, que tu mesprise : mais elles sont trop vertes, dit le Renard, quand il n'y peut atteindre.

La Iurisdiction Ecclesiastique n'estant en question, tres impertinente d'allegation que tu en fais : tout ainsi que ta reproche, disant que ie veux que les Papes & les Rois soient deposez, n'ayant iustifié que ie n'en suis l'autheur, mais la nature, & l'Eglise, sans auoir aucune raison contraire de ta part. Et ta rencontre n'est moins bonne, que ta Grammaire, dans la fulmination de tes maledictions, qui retournent sur toy: car, pour ce qui est de ta pretenduë paix, elle n'est que malediction, estant faite au detriment de la gloire de Dieu, & de la Iustice publique. Partant, maudits ces faux Prophetes, comme parle Ierem. C. 14. v. 15. & C. 23. v. 17. qui pour leur interest annoncent la paix, lors que le fort de la guerre presse.

Combien que sans aucun formel contredit, que d'vn importun murmure, ie t'aye suffisamment iustifié la verité de ma proposition; neantmoins, pour te fermer entierement la bouche, Dieu par sa grace m'a mis en main le digne plat, (entre tous autres) de ta collation: contenant cinq belles roches de sucre tres fin. Les deux premieres tirées des deux & troisiesme chambres de la vingt-huictiesme carriere du parterre de Salomon: qui sont: *Propter peccata terræ, multi principes eius. Qui derelinquunt legem, laudant impium: qui vero custodiunt, succenduntur contra eum.* Lesquelles, auec les trois autres, ie te supplie ne traitter, à guise des chiens animez contre ceux qui leur en iettent: afin de ne te casser les dents. Et ensemble, de ne clabauder plus si iniustement, & impertinemment, que tu as fait tout le long de ton fascheux voyage, pour attrapper le teston, mesme iusques au dernier pas inclus, me supposant approuuer le recent, & tres-cruel attentat d'Angleterre contre son tres-bon & legitime Roy. D'où ta conuiction d'iniquité se treuue manifeste, Dieu l'ayant ainsi permis, pour t'apprendre qu'vn mensonger doit estre memoratif: & qu'en cette qualité, iointe à l'impieté, le reste de nos roches t'a esté fort iustemét reserué, pour la recópense de ton dit voyage. Les voicy: *Initium verborum insipientis stultitia: nouissimam vero oris illius error pessimus. Suauis est homini panis mendacii: & postea implebitur os eius calculo. Oculi Domini custodiunt scientiam: & supplantantur verba iniqui.* Ces deux pris és 7. & 12. chambres des 20. & 22. carrieres dudit parterre: & l'autre au troisiesme degré, 10. bassin de la fontaine d'eloquence du mesme Seigneur. Mais d'autant qu'on seroit estimé iouer vn homme, luy presentant marchandise si dure, sans tout ensemble luy donner le moyen de s'en aider, ie me suis adusé de te presenter le mortier auec le pilon dudit Seigneur. *Si contuderis stultum in pila, quasi ptisanas non auferetur ab eo stultitia eius.* Prou. 28. v. 22.

Quant à vous, Monsieur le nouueau venu, & paresseux Censeur de la respóse faite à la refutation

tion de la Lettre d'Aduis? il est bien tard: car on dessert. Toutefois, comme le preparatif estoit grand, pouuez entrer en asseurance: n'y manquerez de rien: & pour vostre consideration, serez seruy de quelque plat de reserue. Cuorage donc, Monsieur l'écornifleur: car dés l'entrée de table, conformément à l'appetit des autres, le vostre sera satisfait; quelque dereglé quil soit; l'ayant d'abord ainsi iugé. Mais auant d'y penser, ie vous supplie n'attribuer à vanité, ce que i'ay seulement dit pour excuse, de ce que mon deuoir ne s'estoit plustost executé; la piece contre laquelle, estant desia vn peu rancie: ains reseruer ce voile d'opprobre pour celuy qui tranche du suffisant: & méprise ce que non-plus que plusieurs autres de sa sorte, il ne comprend: quoy qu'il ait consommé plus de quatre sepmaines à dresser, & pointer sa foible batterie, contre vne piece de vingt-quatre heures; sans presomption, aussi bien troussée, & percée, que le suiet meritoit; n'y ayant qu'vn bastion à combattre. Mais comme la place ne souffroit plus d'estenduë: & que les defauts de vostre amy estoient trop visibles aux intelligences; ie n'en voulu parler dauantage. Desormais prenez place quand il vous plaira : & si me voulez croire, tout ioignant le premier vers la porte : car il est fourny de bonnes &

F

grosses bouteilles : qui surpassent les vostres en nombre, & capacité *de maiori ad minus erratum* : aussi bien selon ma croyance, est-il de vos amis & possible vostre Maistre; l'ayant suiuy de si prés, auec mesmes discours, & langage. Sans oublier que ce qui est auancé de l'Escriture saincte, se dit autant veritable qu'elle : dautant que c'est *idem per idem probare* : par consequent sans blaspheme. Et que la mansuetude de Dauid vers Saül, ne sert du tout au suiet : Car outre qu'il luy vouloit faire misericorde, c'estoit l'oint de Dieu : que ne sont tous les Rois; y en ayant fort peu de cette trempe : partant ceux qui n'en ont esté honuorez, ne sont dans le respect des autres. D'ailleurs, Saül n'en vouloit qu'à Dauid : & n'auoit en aucune façon affligé le peuple. De plus, l'obeïssance de Dauid ne se trouue auoir esté ny borgne, ny aueugle comme vous, & vos semblables soustenez deuoir estre deuant la Maiesté Royale; Car depuis qu'il eut reconnu la confirmation de la malice dudit Saül, il se retira; sans plus considerer les ordres d'iceluy. D'où iugerez aisément si ie suis obligé de vous rendre graces de la bonne instruction, que nous pretendez donner : car quoy que tres prompt; ie ne laisse quelquefois de m'alentir, pour considerer meurement mes fautes, & celles des autres. C'est pourquoy tout bien consideré, ie trouue qu'estes tres mal-aduisé, d'imposer vos manquemens à celuy qui n'a rien dit, ny fait contre l'equité, & verité; toutes mes citatiós, & cotes étans tres-certaines : & vostre pretenduë remarque du Troisiesme Liure des Rois, tres-fausse, & impertinente. Voicy mon texte : Si vous n'eussiez parcouru si viste vostre Bible, vous eussiez fait arrest sur le douziesme Chapitre du Troisiesme Liure des Rois : que ie soustiens encore tres-veritable aussi bien que l'application d'iceluy, Monsieur l'impudent Imposteur.

Ensemble les reuoltes de Ieroboam, & des Israëlites : auoir esté iustement faites : nonobstant vos pretenduës lanlaires de comparaisons du mauuais garnement Séba, ou Scebah, ausdits Ieroboam, & Israël ; celuy-là n'en ayant aucun suiet : outre que l'Escriture sainte l'appelle de vostre nom, fils de Belial : sçauoir du diable : & les autres tout le contraire ; Ieroboam se trouuant lors tres homme de bien ; quoy que reuolté contre Salomon : parce qu'iceluy Salomon *ædificauerat mello, & adæquauerat voraginem*; comme dit est, peu de chose, Lib. 3. Reg. Cap. 11. vers. 27. Et les Israëlites semblablement agreables à Dieu ; né les ayant oncques blasmez, ny chastiez (marque

tres certaine de la iustice de leur cause:) au contraire promis toute benediction si on persistoit dans le bien; ainsi qu'il se void dans les mesmes liures & Chapitre des Rois verset 38. Partant, Monsieur le suffisant, ie vous conseille de vous taire; cette matiere estant trop dure pour les ventricules de vostre foible cerueau: tout ainsi que le vingt-sixiesme verset du dix-septiesme Chapitre des Prouerbes: que vostre grand amy n'auoit garde de tirer par les cheueux; ne s'en estant seruy; non plus que vous, que ie n'en accuse. Dautant que luy seul est plus que suffisant pour biffer, & ruiner toutes les entreprises de gens faits comme vous deux. Ce ne sont fanfarronnades, ny gasconnades comme les vostres: ains pures veritez: desquelles possible n'auiez iamais déjeusné. Fasse le Ciel que ce seruice vous soit salutaire: & qu'appreniez, que le cœur ne manque iamais, non plus que la parole, aux seruiteurs de Dieu; leur ayant ainsi promis en ces termes: *Nolite cogitare quomodo, aut quid loquamini: dabitur enim vobis in illa hora quid loquamini.* Math. Chap. 10. vers. 19. & 20. mais qu'à bon entendeur vne parole suffit. Aussi que *sapientia non loquitur, nisi in mysterio. Et spiritualis homo iudicat omnia: & ipse à nemine iudicatur: animalis autem non percipit ea quæ sunt spiritus:* Ad Corinth. Cap. 2. vers. 7. 14. & 15. Salomon

mon & Sainct Iean, en difent autant en d'autres termes, que voicy: *Sapientes abfcondunt fcientiam.* Prouerb. Chap. 10. verf. 14. *Et qui vnctionem habent à Sancto, norunt omnia.* 1. Ioan. c. 1. verf. 20. du nombre defquels, à ce que ie reconnois, n'eftant pas; n'y pouuiez rien entendre: mais feulement efperer ce que Sainct Pierre promet à ceux de voftre cabale: *In vobis erunt magiftri mendaces: & multi fequentur eorum luxurias, per quos via veritatis blafphematur: & in auaritia fictis verbis de vobis negotiabuntur: quibus iudicium iam olim non ceffat, & perditio eorum non dormitat,* C. 2. v. 1. 2. 2ᵉ. & 3. D'où, quand ne m'auriez aduerty de voftre amitié, pour celuy que voulez maintenir, en fecondant voftre fufdit Maiftre; ie l'aurois ainfi coniecturé par la fimpatie de vos humeurs, & conformité de difcours, non éloignez de ceux de voftre Precepteur: ainfi que des Demons meridionaux furprenans les fots, par la douceur du repos, en plein midy; ayans tous deux à cette fin, attendu le Solftice d'Efté. De l'amitié defquels Iefus & Marie nous prefetuent, s'il leur plaift. Ainfi foit,

Væ Prophetis infipientibus: qui funt quafi vulpes decipientes populum, dicentes, pax, & non eft pax: Et violabant me ad populum meum propter pugillum

G

hordei, & fragmen panis, vt interficerent animas, quæ non moriuntur: & viuificarent animas, quæ non viuunt, mentientes populo meo credenti mendaciis. Et ego disrumpam vos, & dimittam animas quas capitis ad volandum, Ezech. Chap. 13. per totum.

FIN

www.ingramcontent.com/pod-product-compliance
Lightning Source LLC
Chambersburg PA
CBHW070459080426
42451CB00025B/2804